AF268134

# L'ANNAM

ET

# LE TONKIN

PAR

## Paulin VIAL

ANCIEN DIRECTEUR DE L'INTÉRIEUR EN COCHINCHINE

PARIS

CHALLAMEL AINÉ, LIBRAIRIE COLONIALE

RUE JACOB, ET RUE FURSTEMBERG, 2

—

1886

# L'ANNAM

## ET

# LE TONKIN

PAR

Paulin VIAL

ANCIEN DIRECTEUR DE L'INTÉRIEUR EN COCHINCHINE

PARIS

CHALLAMEL AINÉ, LIBRAIRIE COLONIALE

5, RUE JACOB, ET RUE FURSTEMBERG, 2

—

1886

# L'ANNAM

## ET

# LE TONKIN [1]

## I.

Les déclarations du ministère concernant l'organisation du protectorat sur l'Annam et le Tonkin font prévoir des complications tout aussi graves que celles qui résultaient d'une guerre entreprise mal à propos et conduite au hasard.

Et d'un autre côté, l'évacuation du Tonkin qui a été demandée aurait des conséquences désastreuses. Les frontières de l'Annam seraient franchies immédiatement par les bandes rebelles, et les populations, fatiguées et découragées par nos inexplicables tergiversations, ne manqueraient pas de se soulever contre nous.

Nous aurions de la peine à défendre notre colonie de Cochinchine elle-même contre les perturbateurs.

L'opinion publique chez les Annamites, depuis les frontières de la Chine jusqu'à celles du Cambodge, se prononcerait énergiquement contre ce nouvel abandon de nos droits et de nos devoirs. Tous les habitants de l'Annam, au Tonkin et en Cochinchine, on ne doit pas le perdre de vue, sont de la même race, ont la même organisation, les mêmes usages, les mêmes aspirations. Ils n'ont cessé d'être en relations actives d'une province à l'autre.

[1] Des extraits de cette brochure ont été publiés dans la *Gironde* du 18 décembre 1885.

pèrent dignement leurs positions. Deux d'entre eux sont officiers de la Légion d'honneur, plusieurs autres sont décorés.
Dès le principe, l'administration française s'est efforcée de leur
assurer une grande aisance et de rémunérer largement leur
concours. C'étaient, d'ailleurs, des gens de valeur, sincèrement
dévoués à leur pays et à l'avenir de leurs compatriotes.

C'est avec le concours des milices indigènes que ces notables,
dirigés et surveillés par des officiers français, faisaient la
police du pays, assuraient la rentrée de l'impôt et l'exécution
des ordres de l'autorité française.

Ces milices, réorganisées suivant la loi et la coutume annamites, étaient beaucoup moins coûteuses et servaient plus
efficacement qu'aucune autre troupe pour le maintien de la
tranquillité.

En temps ordinaire, les miliciens ne sortaient pas de leur
arrondissement. Ils étaient fournis par les villages, qui étaient
responsables de leur fidélité. Ils étaient mariés et astreints aux
mêmes lois que leurs compatriotes. A tour de rôle, ils pouvaient
passer un mois sur deux dans leurs familles. C'étaient toujours,
même pendant leurs congés, des agents utiles de notre domination au sein des villages les plus éloignés, faisant connaître
nos vues, nos idées larges et généreuses envers les indigènes.
Dans aucune circonstance, ils ne pouvaient créer de dangers
pour notre domination, car habitués à servir par petits déta-
chements, loin des troupes régulières, il n'avaient de valeur
militaire, de solidité qu'autant qu'ils étaient appuyés par des
Français et conduits par leurs notables ou par des chefs éprou-
vés ayant leur confiance.

Leur rôle et leur organisation concordaient parfaitement
avec une décentralisation absolue de l'administration indigène,
le seul système qui fût compatible avec notre sécurité, car il
divisait la population indigène en lui laissant l'autonomie des
villages et des cantons à laquelle elle est attachée, comme la
population chinoise, par des sentiments si puissants que l'on a
dit, avec raison, que l'Annamite a surtout le patriotisme du
clocher.

Nous pensons que l'on a commis une faute et une imprudence

namite. Il est sage et logique de les protéger et d'encourager nos vaillants missionnaires, il serait imprudent de les compromettre sans utilité.

En 1865, nous avons trouvé un concours excellent chez les notables des villages, parmi lesquels sont choisis les maires et les chefs des cantons. Ce sont généralement des propriétaires aisés, intelligents et actifs, qui ont préféré la vie agricole aux longues études littéraires. Par leurs familles et par leurs propriétés, ils nous offraient des garanties sérieuses de fidélité. Autant que nous ils étaient intéressés au maintien de l'ordre, à l'extinction du brigandage, à la prospérité du pays. Ils étaient d'autant plus disposés à nous servir qu'ils ont toujours nourri contre les lettrés et les fonctionnaires de la cour une certaine jalousie et de grandes défiances. C'est contre eux qu'ils avaient souvent soutenu les intérêts des populations. Ils ont toujours supporté à regret la suprématie que les mandarins exerçaient en vertu d'une science et d'une littérature qui leur semblaient dénuées de toute sanction pratique.

Mais ils redoutaient l'intervention directe de nos soldats ou de nos auxiliaires indigènes, exposés parfois à traiter en pays conquis les localités où s'étaient produits des désordres. Combien de fois, aux premiers jours de la conquête, dans ces pays si peu connus, dont nos soldats ignoraient la langue et les usages, a-t-on laissé passer des rebelles à côté de nous et a-t-on frappé des innocents au lieu des coupables ! Souvent aussi un village situé loin de nous s'est trouvé à la merci des pirates, a été obligé de se soumettre à leurs ordres et a été puni ensuite pour une connivence à laquelle il n'avait pu se soustraire ! Des rigueurs et des méprises semblables ont dû se reproduire au Tonkin et nous aliéner bien de sympathies.

Pour éviter des erreurs si douloureuses et si regrettables, les notables du village furent chargés de la police du pays, sous les ordres directs de quelques officiers français qui remplacèrent les anciens préfets annamites. Ceux des notables indigènes qui se montrèrent le plus intelligents et le plus dévoués furent l'objet de récompenses importantes. Plusieurs furent élevés aux plus hauts grades du mandarinat, et occu-

avaient assuré la soumission et les sympathies des habitants, sans lesquelles aucune forme militaire ne saurait conserver à la France une possession comptant près de quinze millions d'âmes, située à trois mille lieues de nous et entourée de peuples hostiles, ayant de bonnes raisons de redouter le voisinage des puissances européennes.

Je crois utile d'exposer les principes auxquels notre colonie a dû vingt années d'un développement prospère. Il est indispensable d'y recourir aujourd'hui. Il ne suffirait pas de les connaître et de les approuver. Il faudrait les appliquer résolument au moyen d'un personnel éclairé et expérimenté. Nous espérons que quelque jour un homme de cœur, de haute intelligence et de désintéressement, aura l'autorité nécessaire pour les mettre en pratique, et pourra tirer du chaos les éléments de notre grand *empire* asiatique. Il faudrait, pour accomplir une œuvre si grande, peu d'argent et peu d'hommes, mais beaucoup de persévérance et de dévouement.

Lorsque l'amiral de La Grandière, en occupant les trois provinces occidentales de la Cochinchine, eut assuré la sécurité de notre colonie, il fut d'abord blâmé. Ce n'est que deux mois plus tard qu'il reçut des éloges mérités et la dignité de grand officier de la Légion d'honneur, en récompense de l'initiative rapide avec laquelle il avait dénoué une situation difficile. Mais le brave amiral tenait moins aux honneurs qu'au bon témoignage de sa conscience. Il n'avait pas cherché à être agréable, il avait accompli son devoir.


## II.


Pour dominer une population nombreuse et la conquérir moralement, il est prudent d'intéresser à notre domination un noyau d'indigènes influents, actifs, disposés à remplacer au milieu de leurs compatriotes les anciens lettrés, qui sont nos adversaires irréconciliables.

Les chrétiens, qui nous sont dévoués sincèrement, ne peuvent complètement remplir ce rôle, parce que la plupart n'appartiennent pas à la classe aisée et influente de la population an-

Les propositions du ministère, qui voudrait organiser un protectorat à Hué en rétablissant l'autorité royale sur le Tonkin, auraient ceci de dangereux qu'elles tendraient à consolider un pouvoir dont tous les agents sont et seront toujours hostiles à la France.

Les hauts mandarins annamites appartiennent tous à la classe des lettrés, gens intelligents, actifs, rusés, qui lutteront jusqu'à la dernière heure contre les idées européennes dont leurs études et leurs traditions de service leur ont inspiré le mépris.

La plupart sont trop âgés et trop imbus de leurs doctrines pour étudier et comprendre notre civilisation; ils sont nos ennemis naturels; ils regrettent la perte de leur ancien prestige et ils ne se prêteront loyalement à aucune transaction.

Notre situation en Indo-Chine est donc des plus difficiles.

L'Annam n'est pas soumis. Le Tonkin est, sauf quelques points fortifiés, à la merci des rebelles et des partisans de l'ancien roi. Notre colonie de Cochinchine est en proie à un malaise et à des inquiétudes qui peuvent aller jusqu'à la révolte. Le Cambodge est profondément troublé.

Sur toutes nos frontières, nous avons bien des sujets d'appréhension. Les Chinois sont des amis trop récents pour que nous puissions compter sur leurs bonnes dispositions, malgré les excellentes déclarations qui nous sont adroitement transmises par leurs amis d'Europe.

Les Siamois sont peu satisfaits de ce qui s'est passé au Cambodge. Les Birmans, compromis par les avances qui leur ont été faites si mal à propos, vont être annexés par l'Angleterre.

Toutes les perspectives sont bien sombres et bien menaçantes.

Il y a cependant moyen de conjurer les dangers que tout le monde prévoit, en revenant sagement aux traditions précédentes basées sur des sentiments d'humanité, de conciliation et d'équité qui nous ont permis, il y a vingt ans, de garder la basse Cochinchine et de la pacifier.

Ces règles de gouvernement, qui avaient été étudiées avec soin par des hommes qui connaissaient bien le pays, nous

en cherchant à les remplacer par des corps de troupes indigènes complètement organisés à l'européenne. Ces derniers, plus solides dans une guerre régulière, n'étant plus astreints à l'obéissance envers les autorités de leurs villages, deviennent rapidement étrangers aux populations rurales ; ils n'ont plus la vie de famille et sont disposés au désordre en dehors de leur service. Personne ne répond plus de leur fidélité ; à un moment donné, ayant une instruction militaire plus complète, s'ils venaient à se tourner contre nous, ils seraient des auxiliaires redoutables des rebelles. Il est donc prudent de restreindre le nombre de ces troupes indigènes, qui sont, d'ailleurs, coûteuses.

### III.

C'est par ces moyens très simples et peu brillants, il est vrai, en faisant peu parler de nous, que depuis 1864 jusqu'en 1871, la population de la basse Cochinchine a été peu à peu amenée à aimer la France.

Nous respections les mœurs, les usages et les intérêts des habitants. Nous étions secondés par les principaux propriétaires du pays, par les indigènes jeunes, actifs et ambitieux, qui aspiraient à succéder aux lettrés dans toutes les fonctions administratives. C'est une nouvelle classe dirigeante que nous avions créée, ou plutôt à laquelle nous avions rendu son rôle naturel pour remplacer les mandarins de Hué.

Nos miliciens, au nombre de dix mille, choisis avec soin par les notables dans des familles connues, complétaient ce faisceau d'hommes étroitement attachés à notre domination par leurs intérêts, compromis pour nous, toujours mêlés à la population qu'ils étaient arrivés à diriger complètement.

Sous leur inspiration, les habitants de la basse Cochinchine désiraient comme nous l'assimilation et l'annexion progressive des autres populations de l'Annam, depuis le Binh-Tuan jusqu'à Hué et jusqu'au Tonkin.

Ils avaient de nombreuses relations, par mer surtout, avec les autres provinces de l'Indo-Chine, dont beaucoup d'habitants enviaient la tranquillité et la richesse croissante de nos possessions.

Comment des circonstances fatales ont-elles compromis des espérances sur la réalisation desquelles nous avions le droit de compter?

Des esprits ardents ont voulu précipiter les événements sans tenir compte du temps ni des circonstances. Nous avons vu successivement les tentatives les plus hardies et les plus imprudentes compromettre l'œuvre des administrateurs sages et prévoyants de la première heure.

D'abord a eu lieu l'expédition de l'infortuné Garnier, qui a essayé de conquérir le Tonkin par un coup de main imprévu.

Puis, à la légende chevaleresque créée par ses admirateurs a succédé la légende dorée, qui nous représentait ces contrées lointaines comme un Eldorado où toutes les richesses qui peuvent tenter l'ambition humaine pouvaient se recueillir sans effort.

Et les systèmes de colonisation, les essais de protectorat et d'organisation les plus variés et les plus invraisemblables se sont succédé sans trève, avec des hommes nouveaux qui ne connaissaient pas le pays et qui disparaissaient avant d'avoir pu l'étudier.

Pendant ces tàtonnements forcément infructueux, les populations du Tonkin et de l'Annam, désolées par les maux de la guerre, ne pouvaient que s'appauvrir et maudire notre intervention.

Ce ne sera pas en imitant le protectorat imposé à la Tunisie que l'on pourra sortir du désordre indescriptible où l'on a plongé ces malheureuses contrées. Les Annamites n'ont ni les mœurs, ni les lois, ni l'organisation des Arabes. Il leur faut des institutions appropriées à leur caractère et à leurs besoins. Ils ne sont pas, comme les tribus du nord de l'Afrique, soumis à des chefs héréditaires. Leurs terres sont des propriétés individuelles, cadastrées, et non des propriétés collectives.

Leurs institutions communales doivent être respectées ; leurs notables, choisis à l'élection, sont nos intermédiaires naturels auxquels nous devons donner des agents sûrs et fidèles pour

les temps anciens, leurs notables élus aux fonctions de maires et de chefs de canton.

Que l'on ne craigne pas de livrer le peuple aux exactions de ses maires et de ses chefs de canton. Les Annamites savent se plaindre lorsqu'ils sont victimes d'un abus; ils savent aussi se débarrasser d'un maire ou d'un notable dangereux, en lui refusant leurs suffrages le jour des élections.

Nous n'entrerons pas plus avant dans les détails d'une administration qui permettrait aux Annamites de vivre selon leurs lois et de jouir librement du fruit de leurs travaux, aux Européens de commercer avec les indigènes, sous la protection des lois françaises. L'expérience déjà faite en basse Cochinchine prouve que ce régime est le seul que les Annamites aient jamais accepté volontiers, et qu'aucun autre ne peut assurer la pacification de leur pays.

Il resterait à évaluer dès à présent les dépenses et les recettes de notre grande colonie, qui comprendrait trois régions placées sous trois commandements différents.

On ne peut les indiquer que très approximativement, d'après les chiffres présumés de leurs populations et d'après leurs ressources.

On sait déjà que la basse Cochinchine a 1,500,000 habitants environ et que son budget annuel de 25 millions lui permet de faire face à ses dépenses.

Pour la Cochinchine centrale et pour le Tonkin, on peut admettre sans exagération que, dès les premières années, les recettes locales totalisées atteindraient bien vite le chiffre de 7 francs par tête lorsque le pays serait pacifié. En basse Cochinchine, deux ans après l'annexion des trois provinces occidentales, les recettes étaient de 14 millions pour 1,500,000 âmes.

Au Tonkin, on suppose qu'il y a 12 millions d'habitants et dans la Cochinchine centrale 3 millions.

Ces chiffres sont probablement exagérés. On ne saurait trop se rappeler, quand on les discute, qu'en 1860 tous les renseignements s'accordaient à donner 6 millions d'habitants aux six provinces de Gia-Dinh. Les Annamites se groupent par villages populeux sur le bord des cours d'eau et dans les terres arrosées, mais ils laissent en friche d'immenses espaces sur les plateaux élevés où la culture du riz est plus difficile.

Cette réserve faite, on peut admettre que les recettes réunies de ces deux pays ne seront pas inférieures à 50 millions au bout de deux années.

Ces recettes, si elles ne sont pas jetées imprudemment en travaux inutiles et improductifs, suffiront à couvrir la liste civile du roi, toutes les dépenses de l'administration et une partie des frais d'occupation et de défense.

En parlant des travaux inutiles et improductifs, nous devons mentionner les chemins de fer de la basse Cochinchine, qui créent pour notre colonie une charge énorme qui ne correspond nullement aux services rendus. Leur tracé, de Saïgon au Cambodge, en franchissant le fleuve à Mitho, rend leur construction coûteuse et les met en concurrence avec les grandes voies fluviales du pays. Ils n'auront ni une grande utilisation commerciale ni un grand avenir comme route stratégique, sauf le tronçon de Saïgon au Ben-Luc.

Quelles seraient les dépenses militaires indispensables pour garder nos possessions, dépenses incombant à la métropole?

En prenant pour termes de comparaison les effectifs entretenus aux Indes par les Anglais, à Java par les Hollandais, qui y ont environ 14,000 hommes de troupes européennes, et ceux que nous avons entretenus à Saïgon de 1868 à 1874, on peut admettre qu'une armée de 15,000 hommes nous suffirait, soit environ 1,000 hommes pour un million d'indigènes.

On aurait 3,000 hommes pour la basse Cochinchine et pour la surveillance du Cambodge; 2,000 pour la Cochinchine centrale, 10,000 pour le Tonkin.

Nos soldats passant seulement deux ans dans la colonie, il faudrait les remplacer par moitié chaque année et avoir en chiffres ronds 10,000 hommes en France prêts à fournir aux remplacements réguliers et aux envois accidentels de renforts.

C'est donc une armée de 25,000 hommes que nécessiterait la défense de nos possessions de l'Indo-Chine, et, par suite, une dépense annuelle de 50 millions, que la métropole devrait

faire exécuter nos ordres. Nous devons avant tout nous garder d'employer les lettrés de la cour de Hué pour dominer la population, car certainement ils ne manqueraient pas de l'indisposer contre nous, comme ils l'ont toujours fait.

Il n'y a aucune analogie à établir entre le commandement des Arabes, qui est un système absolument aristocratique et féodal, et l'administration des villages annamites, empruntée à la Chine, qui a un caractère éminemment individuel et démocratique.

Sans attaquer les personnes plus ou moins compétentes auxquelles sont imputables nos déconvenues en Indo-Chine, car nous ne saurions suspecter leurs intentions, nous avons tenu à établir les fautes de principe qui ont été commises dans une série d'aventures glorieuses pour nos troupes et pour notre marine, mais désastreuses pour la France, afin de pouvoir indiquer avec plus d'autorité comment il serait possible d'en réparer les funestes conséquences.


## IV.


Il faudrait donc gouverner les populations indigènes directement, au moyen des notables indigènes eux-mêmes, en notre nom dans le Tonkin et en basse Cochinchine, au nom du roi de Hué dans la Cochinchine centrale.

L'expérience de ce système a déjà été faite. C'est le seul qui ait donné de bons résultats. Il donne satisfaction aux Annamites et sécurité aux autorités françaises.

Il décentralise l'administration du pays et ne permet pas aux habitants de s'unir contre nous dans une action générale.

Pour l'appliquer, on ne saurait dans le principe subordonner les gouvernements du Tonkin et de la basse Cochinchine au résident de Hué.

Celui-ci aurait la tâche la plus délicate. Il devrait administrer la Cochinchine centrale au nom du roi, en choisissant lui-même les gouverneurs des provinces et en les faisant surveiller par des délégués français ou par des agents annamites provenant de notre colonie.

La première mesure qu'il devrait exiger serait la mise à la retraite ou à la réforme de tous les gouverneurs, des *quan-bô* (chefs des services financiers), et des *quan-an* (chefs des services judiciaires), qui ont servi contre nous. On les remplacerait par de jeunes *phus* (préfets) ou *huyêns* (sous-préfets) qui auraient les mêmes capacités, mais seraient plus dociles et pourraient nous être ralliés par l'ambition de parvenir rapidement à des postes élevés. Ce personnel administratif serait complété, autant qu'on le pourrait, par des indigènes dévoués provenant de notre colonie de basse Cochinchine ou du Tonkin.

Le résident de Hué aurait aussi à surveiller et diriger les travaux des divers ministères, surtout la rentrée des impôts et l'administration de la justice.

Il serait, comme l'a été de longues années notre résident au Cambodge, mais avec une ingérence plus grande et plus active, le conseiller écouté du roi, le chef réel du ministère.

Il aurait assez de travail pour ne pas avoir à intervenir dans la gestion des affaires au Tonkin et en basse Cochinchine. Ses occupations toutes spéciales ne lui permettraient certainement pas d'apprécier suffisamment les différences profondes qui se manifesteront dès les premiers jours entre le régime appliqué aux habitants des environs de Hué et l'administration de nos autres populations.

Il serait prudent d'annexer le Binh-Tuan à la basse Cochinchine, afin de mettre nos frontières à l'abri des bandes de pirates et de rebelles qui viennent quelquefois y mettre le désordre. Cette annexion avait été sagement stipulée par l'amiral Courbet et M. Harmand, dans le premier traité de Hué.

Au Tonkin, le gouvernement aurait à organiser l'administration de son vaste territoire à mesure que les populations seraient soumises, ainsi qu'on l'a fait en basse Cochinchine. Ces populations ne demandent qu'à vivre en paix sous un régime régulier, dont les intermédiaires soient, comme dans

s'imposer pour ce service, en y comprenant les frais de transport.

Cette dépense pourrait être réduite de 15 à 20 millions par un prélèvement correspondant sur les recettes coloniales. Mais il serait imprudent de compter sur une subvention plus forte. Il serait même d'une sage prévoyance de laisser nos établissements lointains employer toutes leurs ressources à s'organiser fortement.

Cette charge de 50 millions serait énorme, mais elle aurait pour résultat une augmentation certaine de notre commerce extérieur et de notre mouvement maritime. Elle diminuerait peu à peu, lorsque les ressources de la colonie seraient bien assises ; mais il est prudent, il est sage de compter que pendant les dix premières années elles seront de 30 à 40 millions.

Tels sont les termes du problème redoutable posé à nos gouvernants. On ne peut acquérir une colonie sérieuse qu'en faisant de grands sacrifices et en les faisant à propos.

Et une colonie n'a de valeur qu'autant qu'elle est exploitée par une population pacifique, organisée, adonnée à l'agriculture, à l'industrie et au commerce. Ces conditions de prospérité existent en Indo-Chine. Aucun peuple de l'Asie ne vaut les Annamites pour nous, car ils sont avant tout agriculteurs et désireux de la paix.

Tous ceux qui les connaissent sont d'avis que le devoir de la France est de conserver l'empire d'Annam et d'y établir une administration durable, rationnelle, régulière, indépendante des caprices de l'opinion à Paris. Aucune autre contrée dans le monde ne pourrait présenter les avantages que nous trouvons en Indo-Chine.

Si je me suis permis de critiquer, trop légèrement peut-être, les entraînements irréfléchis avec lesquels on a voulu expérimenter tant de systèmes divers dans notre colonie, c'est que j'ai vu de près quelques-unes de ces expériences et leurs déplorables résultats. J'ai vu essayer d'organiser la basse Cochinchine comme l'Algérie, avec des cercles militaires et des chefs responsables comme les chefs arabes ; j'ai vu des partisans de l'organisation de Java, où la population musulmané obéit à des rajahs héréditaires ; j'ai vu préparer une tentative de protectorat avec le concours des mandarins de la cour. J'ai vu des choses plus tristes, de graves personnages, dédaignant les inspirations du bon sens, rechercher avec avidité les avis de conseillers anglais, allemands, hollandais et même chinois, au sujet de nos affaires coloniales et maritimes.

Eh bien, ils auraient mieux fait d'étudier ce que peut donner notre colonie, ce que désirent les Annamites, et de conclure de ces données si simples quelle est l'organisation spéciale qui convient à la Cochinchine.

Voiron, 6 décembre 1885.

# CITATIONS.

« Des ordres formels venus de France prescrivirent d'abandonner Tourane. Ce point fut complètement évacué le 23 mars 1860. La plage sur laquelle reposent tant de héros obscurs est déserte aujourd'hui ; les Annamites n'ont point rétabli les forts que nous avions occupés, le commerce de Faï-fo a disparu, et la rade qui fut témoin de nos luttes sanglantes a été rendue au silence et à l'oubli.

« On ne peut s'empêcher de déplorer l'indécision qui semble avoir caractérisé la direction de cette première expédition en Cochinchine. Plus tard le gouvernement impérial fut bien inspiré en conservant notre conquête malgré les déclamations d'une opposition parlementaire peu éclairée ; mais combien on aurait économisé de temps, d'argent et de sang, si, en possédant Tourane en même temps que Saïgon, on avait menacé Hué au retour de la campagne de Chine ! Cette démonstration, bien facile à exécuter, nous aurait été autrement profitable que la prise de Pékin. »

(Extrait du premier volume des *Premières années de la Cochinchine*, Challamel, 1874, pages 82 et 83.)

« Un petit groupe d'indigènes, dont la plupart étaient chrétiens et tonkinois, s'étaient réfugiés sous notre protection et nous avaient suivis depuis Tourane. Grâce à leur concours et surtout à celui de plusieurs missionnaires français, le commandant d'Ariès avait commencé à étudier les institutions annamites et à préparer les éléments nécessaires pour organiser une administration coloniale simple, active et peu coûteuse. »

(Extrait des *Premières années de la Cochinchine*, Challamel, 1874, premier volume, page 84.)

TYPOGRAPHIE FIRMIN-DIDOT. — MESNIL (EURE).

TYPOGRAPHIE FIRMIN-DIDOT. — MESNIL (EURE).